D1698151

Cake Pops
leckere Kuchenlollies

garant

An die Sticks

...it`s Cake-Pops-time!

Cake Pops sind die neuen Stars am Kuchenhimmel. Diese kunstvollen Kuchenlollies veredeln nicht nur jeden Kindergeburtstag, auch bei den großen Kindern leuchten die Augen und lacht der Gaumen. Cake Pops strahlen auf jedem Fest und stehlen den großen Torten und Kuchen, Cupcakes und Minitorten mittlerweile locker die Show.

Ein Cake Pop ist eine ganz besondere Leckerei, die es in vielen Geschmacksrichtungen und Farben gibt. Damit Sie Ihre Cake Pops selber backen können, benötigen Sie gar nicht soviele Zutaten. Das Grundrezept besteht aus einem einfachen Rührteig, der zum einen direkt in Cake-Pop-Backblechen oder -formen oder in Cake-Pop-Makern gebacken, mit köstlichen Überzügen, aufs Kreativste dekoriert Ihre Lieben überzeugt. Oder Sie backen einen Rührkuchenboden, zerbröseln diesen und vermengen die Kuchenbrösel mit einem Frosting oder Icing. Zu kleinen Kugeln geformt, werden diese dann auf Cake-Pop-Sticks oder Lollistiele gespießt, in Zucker- oder Schokoladenglasur getaucht oder mit Fondant oder Mirror glaze überzogen. Dank der wunderbaren Farbfotos und der leicht verständlichen Anleitungen sind diese kleinen, süßen Köstlichkeiten auch für Backanfänger leicht und schnell nachzumachen.

So wünschen wir Ihnen viel Spaß beim Ausprobieren und Genießen!
Ihre Redaktion

Inhalt

Kaffee-Cake-Pops mit Vanille	9
Haselnuss-Cake-Pops mit Mascarponecreme	10
Beschwipste Cake Pops mit Kirschen	13
Smiley-Cake-Pops mit Konfetti	14
Honig-Cake-Pops mit Frischkäse	17
Buttermilch-Cake-Pops mit Zitronenguss	18
Schoko-Cake-Pops im Waffel-Becher	21
Orangen-Cake-Pops mit Vanille	22
Schokoladen-Cake-Pops mit Rumguss	25
Frischkäse-Cake-Pops mit Nugatcreme	27
Oster-Cake-Pops mit Vanille-Icing	28
Heidelbeer-Cake-Pops mit Mascarpone	31
Halloween-Cake-Pops mit Himbeerfüllung	32
Sternen-Cake-Pops mit Nüssen	35
Kokos-Cupcakes mit Sternendekor	36

Zitronen-Cake-Pops	39
Birnen-Cake-Pops mit Schwips	40
Aprikosen-Cake-Pops mit Marzipanglasur	43
Schneemann-Cake-Pops mit Marshmallow	44
Ananas-Cake-Pops mit Vanilleguss	47
Rosinen-Cake-Pop mit Zimtaroma	48
Gewürz-Cake-Pops mit Popcorn	51
Tierische Cake Pops mit Vanille-Icing	52
Joghurt-Cake-Pops mit Mirror glaze	55
Vanille-Cake-Pops mit Himbeer-Icing	56
Pfefferkuchen-Cake-Pops mit Kirsch-Icing	59
Hokuspokus-Cake-Pops mit Nüssen	60
ABC-Cake-Pops mit Marzipan	63
Mandel-Cake-Pops mit Pistazien	64
Krokant-Cake-Pops mit Vanille-Frosting	67
Orangen-Cake-Pops mit Schoko-Icing	68
Zucchini-Cake-Pops mit Zitronenglasur	71

Kaffee-Cake-Pops
„mit Vanille"

Das braucht man für ca. 24 Stück:

Für den Teig:
150 ml Rapsöl
150 g Zucker
2 EL Instant-Kaffeepulver
3 Eier, 50 ml süße Sahne
1 Vanilleschote
200 g Mehl
2 EL Kakaopulver
3 gestrichene TL Backpulver
Fett und Semmelbrösel
für die Cake-Pop-Backform

Außerdem:
2–3 Becher Vollmilchkuvertüre
24 Cake-Pop-Sticks
100 g weiche Schokoladenkekse
48 Augenaufleger aus Zuckerguss (Fertigprodukt)
grüner Glitzerstreusel zum Bestreuen

TIPP: Das Kaffeepulver kann man sehr gut durch Cappuccino- oder auch Espresso- pulver austauschen.

So wird es gemacht:

1. Das Öl mit dem Zucker, dem Instant-Kaffeepulver und den Eiern in eine Schüssel geben und mit den Schneebesen des Handrührgerätes cremig aufschlagen. Die Sahne mit dem ausgeschabten Vanillemark unterrühren.

2. Das Mehl mit dem Kakaopulver und dem Backpulver vermischen, auf die Teigmasse sieben und unterrühren.

3. Eine Cake-Pop-Backform ausfetten, mit Semmelbröseln ausstreuen und den Teig einfüllen. Die Cake-Pop-Backform auf ein Backblech stellen und in dem auf 180 °C vorgeheizten Backofen 10–15 Minuten backen.

4. Die fertig gebackenen Cake Pops aus dem Backofen nehmen, in der Cake-Pop-Backform leicht erkalten lassen, aus der Form stürzen und auf einem Kuchengitter vollständig auskühlen lassen.

5. Die Vollmilchkuvertüre nach Packungsanweisung im Wasserbad schmelzen. Die Cake-Pop-Sticks zuerst in Schokolade tauchen, diese leicht antrocknen lassen und erst jetzt die Cake Pops aufspießen.

6. Damit Sie Ihre Cake Pops gut trocknen lassen und Sie diese auch einfach verzieren können, sollten Sie die Cake Pops in eine vorbereitete Styroporplatte stecken.

7. Erst wenn die Cake Pops fest an den Cake-Pop-Sticks haften die Cake Pops mit der flüssigen Vollmilchkuvertüre überziehen.

8. Die Kuvertüre leicht antrocknen lassen und die Cake Pops anschließend in den sehr fein zerbröselten Schokoladenkekse wälzen.

9. Je zwei Augenaufleger auf die Cake Pops kleben und die Cake Pops mit den grünen Glitzerstreuseln bestreuen.

10. Die Cake Pops vollständig abtrocknen lassen und bis zum Verzehr an einem kühlen Ort aufbewahren.

Haselnuss-Cake-Pops „mit Mascarponecreme"

Das braucht man für ca. 12 Stück:

Für den Teig:
200 g Butterkekse
50 g geriebene Haselnüsse
150–200 g sehr weiche Butter

Für die Creme:
100 g Mascarpone
einige Tropfen rote Lebensmittelfarbe
30 g Honig
30 g Puderzucker
100 g Butter

Für die Zitronenglasur:
200 g Puderzucker
Saft von 1 Zitrone

Außerdem:
2–3 EL Aprikosenmarmelade
12 Eiswaffeln
50 g bunte Zuckerstreusel
250 g rosa Fondant (Fertigprodukt)
Bäckerstärke zum Ausrollen
12 Belegkirschen

So wird es gemacht:

1. Die Butterkekse fein mahlen, mit den Haselnüssen und der weichen Butter in eine Schüssel geben und zu einem Bröselteig verkneten.

2. Die Teigmasse mit den Händen zu 12 gleichgroßen Kugeln abdrehen, diese auf ein mit Backpapier ausgelegtes Blech legen und im Kühlschrank vollständig – am besten über Nacht – fest werden lassen.

3. Für die Mascarponecreme den Mascarpone in eine Schüssel geben und mit der roten Lebensmittelfarbe rosa einfärben. Den Honig mit dem gesiebten Puderzucker hinzufügen und die Masse glatt rühren.

4. Die Butter schaumig schlagen, die Mascarponecreme esslöffelweise nach und nach unterrühren, cremig aufschlagen und anschließend im Kühlschrank auskühlen lassen.

5. Für die Zitronenglasur den gesiebten Puderzucker mit dem Zitronensaft in einer Schüssel mit dem Schneebesen zu einem zähflüssigen Guss verrühren und bereitstellen.

6. Die Aprikosenmarmelade leicht erwärmen und den oberen Rand der Eiswaffeln damit bestreichen. Die Eiswaffeln am Rand mit den bunten Zuckerstreuseln bestreuen, die Waffeln in entsprechende dekorative Gläser stellen und die Zuckerstreusel antrocknen lassen.

7. Den rosa Fondant auf einer mit Bäckerstärke bestäubten Arbeitsfläche dünn ausrollen und 12 entsprechend große Kreise ausstechen. Die Cake-Pop-Kugeln in die Fondantmasse einwickeln und mit den Nähten in je eine Eiswaffel setzen.

8. Die Mascarponecreme in einen Spritzbeutel mit dünner Sterntülle füllen und einen Kranz um die Eiswaffeln herum dressieren.

9. Je einen Klacks Zitronenglasur auf die Cake-Pop-Kugeln setzen, mit je einer Belegkirsche belegen, die Cake Pops vollständig abtrocknen lassen und bis zum Verzehr an einem kühlen Ort aufbewahren.

Beschwipste Cake Pops „mit Kirschen"

Das braucht man für 24 Stück:

Für den Teig:
180 ml Sonnenblumenöl
125 g Zucker
1 TL Vanillearoma
2 Eier
175 g Weizenmehl
1 ½ gehäufte EL Kakaopulver
3 TL Backpulver
4 cl Rum
50 ml Milch
Fett und Semmelbrösel
für die Cake-Pop-Backform

Außerdem:
etwa 24 Sauerkirschen
2–3 Becher Vanilleglasur
24 Cake-Pop-Sticks
Ritter-Perlchen
zum Wälzen

So wird es gemacht:

1. Das Sonnenblumenöl mit dem Zucker, dem Vanillearoma und den Eiern in eine Schüssel geben und mit dem Schneebesen schwach schaumig aufschlagen.

2. Das Weizenmehl mit dem Kakaopulver und dem Backpulver vermischen, auf die Teigmasse sieben und unterrühren. Dann den Rum und anschließend die Milch unterziehen.

3. Eine Cake-Pop-Backform ausfetten, mit Semmelbröseln ausstreuen, den Teig einfüllen und je eine Sauerkirschen in den Teig drücken. Die Cake-Pop-Backform auf ein Backblech stellen und die Cake Pops im auf 180 °C vorgeheizten Backofen etwa 10–15 Minuten backen.

4. Die fertig gebackenen Cake Pops aus dem Backofen nehmen, in der Cake-Pop-Backform leicht erkalten lassen, aus der Form stürzen und auf einem Kuchengitter vollständig auskühlen lassen.

5. Die Vanilleglasur nach Packungsanweisung im Wasserbad schmelzen. Die Cake-Pop-Sticks zuerst in die Vanilleglasur tauchen, diese leicht antrocknen lassen und erst jetzt die Cake Pops aufspießen.

6. Damit Sie Ihre Cake Pops gut trocknen lassen und Sie diese auch einfach verzieren können, sollten Sie die Cake Pops in eine vorbereitete Styroporplatte stecken.

7. Erst wenn die Cake Pops fest an den Cake-Pop-Sticks haften die Cake Pops mit der flüssigen Vanilleglasur überziehen.

8. Die Vanilleglasur leicht antrocknen lassen und die Cake Pops anschließend in den Zuckerstreuseln wälzen.

9. Die Cake Pops vollständig abtrocknen lassen und bis zum Verzehr an einem kühlen Ort aufbewahren.

TIPP:
Sehr gut lassen sich auch Kaiser- oder Süßkirschen für unser Rezept verwenden, aber auch Zwetschgen sind ein Genuss!

Smiley-Cake-Pops „mit Konfetti"

Das braucht man für 24 Stück:

Für den Teig:
125 g weiche Butter
150 g Zucker
2 TL Vanillearoma
2 Eier, 50 ml Milch
225 g Weizenmehl
3 gestrichene TL Backpulver
1 EL Kakaopulver, 2 EL Rum
Fett und Semmelbrösel für die Cake-Pop-Backform

Außerdem:
2–3 Becher Vollmilchkuvertüre
24 Cake-Pop-Sticks
150 g Zuckerkonfetti
24 Smiley-Aufleger

So wird es gemacht:

1. Die weiche Butter mit dem Zucker und dem Vanillearoma in eine Schüssel geben und mit den Schneebesen des Handrührgerätes cremig aufschlagen. Die Eier einzeln nach und nach darunterschlagen, dann die Milch unterrühren.

2. Das Weizenmehl mit dem Backpulver vermischen, auf die Teigmasse sieben und unterheben. Die Masse halbieren und in einen Teil das Kakaopulver und den Rum einrühren.

3. Eine Cake-Pop-Backform ausfetten, mit Semmelbröseln ausstreuen, zuerst die helle Masse einfüllen und anschließend die dunkle Masse darauf verteilen. Die Cake-Pop-Backform auf ein Backblech stellen und die Cake Pops im auf 180 °C vorgeheizten Backofen etwa 10–15 Minuten backen.

4. Die fertig gebackenen Cake Pops aus dem Backofen nehmen, in der Cake-Pop-Backform leicht erkalten lassen, aus der Form stürzen und auf einem Kuchengitter vollständig auskühlen lassen.

5. Die Vollmilchkuvertüre nach Packungsanweisung im Wasserbad schmelzen. Die Cake-Pop-Sticks zuerst in die Kuvertüre tauchen, diese leicht antrocknen lassen und erst jetzt die Cake Pops aufspießen.

6. Damit Sie Ihre Cake Pops gut trocknen lassen und Sie diese auch einfach verzieren können, sollten Sie die Cake Pops in eine vorbereitete Styroporplatte stecken.

7. Erst wenn die Cake Pops fest an den Cake-Pop-Sticks haften die Cake Pops mit der flüssigen Vollmilchkuvertüre überziehen. Die Kuvertüre leicht antrocknen lassen und die Cake Pops anschließend mit dem Zuckerkonfetti bestreuen.

8. Die Smiley-Aufleger aufkleben, die Cake Pops vollständig abtrocknen lassen und bis zum Verzehr an einem kühlen Ort aufbewahren.

Honig-Cake-Pops
„mit Frischkäse"

Das braucht man für ca. 40 Stück:

Für den Teig:
100 g Honig
2 Eier
50 g Zucker
1 TL Zimtpulver
200 ml Rapsöl
200 g Weizenmehl
2 TL Backpulver
Fett und Semmelbrösel für die Springform

Für das Frosting:
200 g Frischkäse
einige Tropfen rote Lebensmittelfarbe
50 g Honig
50 g Puderzucker
200 g Butter

Außerdem:
2–3 Becher weiße Schokoladenglasur
1 Becher Schokoladenglasur Vollmilch
etwas orange Lebensmittelfarbe
ca. 40 Cake-Pop-Sticks
150 g Zuckerkonfetti
24 Smiley-Aufleger
ca. 40 rote Zuckerblüten

So wird es gemacht:

1. Den Honig mit den Eiern, dem Zucker und dem Zimtpulver in eine Rührschüssel geben und mit den Schneebesen des Handrührgerätes schaumig schlagen.

2. Das Rapsöl tropfenweise einrühren. Das Mehl mit dem Backpulver vermischen, auf die Teigmasse sieben und unterrühren.

3. Eine Springform ausfetten, mit Semmelbröseln ausstreuen, den Teig einfüllen, glatt streichen und den Boden in dem auf 180 °C vorgeheizten Backofen 35–40 Minuten backen.

4. Den fertig gebackenen Boden aus dem Backofen nehmen, leicht erkalten lassen, aus der Form stürzen und auf einem Kuchengitter vollständig auskühlen lassen.

5. Für das Frosting den Frischkäse in eine Schüssel geben und glatt rühren. Die Lebensmittelfarbe, den Honig und den gesiebten Puderzucker hinzufügen und unterrühren. Die Butter schaumig schlagen, die Frischkäsecreme esslöffelweise nach und nach unterrühren und cremig aufschlagen.

6. Den Kuchenboden fein zerbröseln, zum Frosting geben und alles gut miteinander verrühren.

7. Die Teigmasse mit den Händen zu etwa 40 gleichgroßen Kugeln abdrehen, diese auf ein mit Backpapier ausgelegtes Blech legen und im Kühlschrank vollständig – am besten über Nacht – fest werden lassen.

8. Die weiße Schokoladenglasur und die Schokoladenglasur Vollmilch im Wasserbad getrennt nach Packungsanweisung schmelzen. Die weiße Schokoladenglasur mit etwas orangefarbener Lebensmittelfarbe einfärben.

9. Die Cake-Pop-Sticks zuerst in die eingefärbte Glasur tauchen, diese leicht antrocknen lassen und erst jetzt die Cake Pops aufspießen. Damit Sie Ihre Cake Pops gut trocknen lassen und Sie diese auch einfach verzieren können, sollten Sie die Cake Pops in eine vorbereitete Styroporplatte stecken.

10. Erst wenn die Cake Pops fest an den Cake-Pop-Sticks haften die Cake Pops mit der flüssigen eingefärbten Glasur überziehen. Die Glasur leicht antrocknen lassen und mit der dunklen Glasur beträufeln.

11. Je eine Zuckerblüten auf die Cake Pops kleben, die Glasuren vollständig abtrocknen lassen und die Cake Pops bis zum Verzehr an einem kühlen Ort aufbewahren.

Buttermilch-Cake-Pops
„mit Zitronenguss"

Das braucht man für 24 Stück:

Für den Teig:
150 ml Distelöl, 120 g Zucker
1 Päckchen Vanillezucker
2 Eier, 100 ml Buttermilch
150 g Weizenmehl
50 g Speisestärke
2 gehäufte TL Backpulver
Fett und Semmelbrösel für die Cake-Pop-Backform

Außerdem:
Saft von 1 Zitrone
250–300 g Puderzucker
ca. 24 Cake-Pop-Sticks
Elfen-Perlchen zum Wälzen

So wird es gemacht:

1. Das Distelöl mit dem Zucker und dem Vanillezucker in eine Schüssel geben und mit den Schneebesen des Handrührgerätes cremig aufschlagen.

2. Die Eier einzeln nach und nach kräftig unterschlagen und die Buttermilch unterrühren. Das Mehl mit der Speisestärke und dem Backpulver vermischen, auf die Teigmasse sieben und unterheben.

3. Eine Cake-Pop-Backform ausfetten, mit Semmelbröseln ausstreuen, den Teig einfüllen und je eine Sauerkirschen in den Teig drücken. Die Cake-Pop-Backform auf ein Backblech stellen und die Cake Pops im auf 180 °C vorgeheizten Backofen etwa 10–15 Minuten backen.

4. Die fertig gebackenen Cake Pops aus dem Backofen nehmen, in der Cake-Pop-Backform leicht erkalten lassen, aus der Form stürzen und auf einem Kuchengitter vollständig auskühlen lassen.

5. Den Zitronensaft mit dem gesiebten Puderzucker in eine Schüssel geben und zu einem zähflüssigen Guss verrühren.

6. Die Cake-Pop-Sticks zuerst in den Zuckerguss tauchen, diesen leicht antrocknen lassen und erst jetzt die Cake Pops aufspießen.

7. Erst wenn die Cake Pops fest an den Cake-Pop-Sticks haften die Cake Pops mit dem flüssigen Zuckerguss überziehen.

8. Den Zuckerguss leicht antrocknen lassen und die Cake Pops anschließend in den Zuckerstreuseln wälzen. Die Cake Pops vollständig abtrocknen lassen und bis zum Verzehr an einem kühlen Ort aufbewahren.

TIPP: Zuckerglasur lässt sich ganz einfach mit bunten Lebensmittelfarben einfärben. So bekommen unsere Cake Pops ein buntes Gesicht.

Schoko-Cake-Pops „im Waffel-Becher"

Das braucht man für ca. 40 Stück:

Für den Teig:
150 ml Rapsöl
150 g Zucker
2 EL Instant-Kaffeepulver
3 Eier
50 ml süße Sahne
1 Vanilleschote
200 g Weizenmehl
2 EL Kakaopulver
3 gestrichene TL Backpulver
Fett und Semmelbrösel für die Springform

Für das Schokoladenfrosting:
250 g Butter
125 g Puderzucker
2 EL Kakaopulver
350 g Schokoladenpudding (Fertigprodukt)

Außerdem:
250 g roter Fondant (Fertigprodukt)
Bäckerstärke zum Ausrollen
40 Cake-Pop-Sticks
Goldpuder zum Bestäuben
50 g grüner Fondant
essbarer Kleber
400 g weiche Schokoladenkekse
ca. 40 Waffel-Becher

So wird es gemacht:

1. Das Öl mit dem Zucker, dem Instant-Kaffeepulver und den Eiern in eine Schüssel geben und mit den Schneebesen des Handrührgerätes cremig aufschlagen. Die Sahne mit dem ausgeschabten Vanillemark unterrühren.

2. Das Weizenmehl mit dem Kakaopulver und dem Backpulver vermischen, auf die Teigmasse sieben und unterrühren.

3. Eine Springform ausfetten, mit Semmelbröseln ausstreuen, den Teig einfüllen, glatt streichen und den Boden in dem auf 180 °C vorgeheizten Backofen 30–35 Minuten backen.

4. Den fertig gebackenen Boden aus dem Backofen nehmen, leicht erkalten lassen, aus der Form stürzen und auf einem Kuchengitter vollständig auskühlen lassen.

5. Die Butter mit dem Puderzucker und dem Kakaopulver in eine Schüssel geben und schaumig schlagen. Den Pudding esslöffelweise nach und nach unterrühren und cremig aufschlagen.

6. Den Kuchenboden fein zerbröseln, zum Frosting geben und alles gut miteinander verrühren.

7. Die Teigmasse mit den Händen zu etwa 40 gleichgroßen Kugeln abdrehen, diese auf ein mit Backpapier ausgelegtes Blech legen und im Kühlschrank vollständig – am besten über Nacht – fest werden lassen.

8. Den roten Fondant auf einer mit Bäckerstärke bestäubten Arbeitsfläche dünn ausrollen und etwa 40 entsprechend große Kreise (ca. 7 cm Ø) ausstechen. Die Cake-Pop-Kugeln in die Fondantmasse einwickeln und die Cake Pops auf die Cake-Pop-Sticks stecken.

9. Die restliche Fondantmasse verkneten und lange, dünne Würstchen abdrehen. Die Fondantwürstchen mit essbarem Kleber dekorativ auf die Cake Pops kleben und diese mit Goldpuder bestäuben.

10. Den grünen Fondant auf einer mit Bäckerstärke bestäubten Arbeitsfläche dünn ausrollen und Blätter ausstechen.

11. Die Schokoladenkekse fein zerbröseln, die Waffel-Becher damit füllen, die Keksmasse vorsichtig in die Waffel-Becher drücken und die Cake Pops hineinstellen. Die Waffel-Becher mit den Blättern verzieren und die Cake Pops bis zum Verzehr an einem kühlen Ort aufbewahren.

Orangen-Cake-Pops

„mit Vanille"

Das braucht man für ca. 40 Stück:

Für den Teig:
100 g Zucker
75 g Lindenblütenhonig
150 g weiche Butter
2 Päckchen Orangenaroma
abgeriebene Schale von 1 unbehandelten Orange
1 Eigelb, 2 Eier, 50 ml Milch
1 Päckchen Vanillepuddingpulver
200 g Mehl, 2 gestrichene TL Backpulver
Fett und Semmelbrösel für die Springform

Für das Vanillefrosting:
250 g Butter, 125 g Puderzucker
2 EL Vanillearoma
350 g Vanillepudding (Fertigprodukt)

Außerdem:
2–3 Becher weiße Schokoladenglasur
ca. 40 Cake-Pop-Sticks
100 g Knusper Kringel

So wird es gemacht:

1. Den Zucker mit dem Lindenblütenhonig, der weichen Butter, dem Orangenaroma und der abgeriebenen Orangenschale in eine Schüssel geben und schwach schaumig rühren.

2. Das Eigelb und die Eier einzeln nach und nach unterrühren. Zum Schluss die Milch unterziehen. Das Vanillepuddingpulver mit dem Mehl und dem Backpulver vermischen, auf die Teigmasse sieben und unterrühren.

3. Eine Springform ausfetten, mit Semmelbröseln ausstreuen, den Teig einfüllen, glatt streichen und den Boden in dem auf 180 °C vorgeheizten Backofen 30–35 Minuten backen.

4. Den fertig gebackenen Boden aus dem Backofen nehmen, leicht erkalten lassen, aus der Form stürzen und auf einem Kuchengitter vollständig auskühlen lassen.

5. Die Butter mit dem Puderzucker und dem Vanillearoma in eine Schüssel geben und schaumig schlagen. Den Pudding esslöffelweise nach und nach unterrühren und cremig aufschlagen.

6. Den Kuchenboden fein zerbröseln, zum Frosting geben und alles gut miteinander verrühren. Die Teigmasse mit den Händen zu etwa 40 gleichgroßen Kugeln abdrehen, diese auf ein mit Backpapier ausgelegtes Blech legen und im Kühlschrank vollständig – am besten über Nacht – fest werden lassen.

7. Die weiße Schokoladenglasur nach Packungsanweisung schmelzen. Die Cake-Pop-Sticks zuerst in die Glasur tauchen, diese leicht antrocknen lassen und erst jetzt die Cake Pops aufspießen. Damit Sie Ihre Cake Pops gut trocknen lassen und Sie diese auch einfach verzieren können, sollten Sie die Cake Pops in eine vorbereitete Styroporplatte stecken.

8. Erst wenn die Cake Pops fest an den Cake-Pop-Sticks haften die Cake Pops mit der flüssigen Schokoladenglasur überziehen. Die Glasur leicht antrocknen lassen und die Knusper Kringel auf die Cake Pops kleben. Die Cake Pops vollständig abtrocknen lassen und bis zum Verzehr an einem kühlen Ort aufbewahren.

Schokoladen-Cake-Pops „mit Rumguss"

Das braucht man für 24 Stück:

Für den Teig:
120 g weiche Butter
120 g Zucker
1 Päckchen Vanillezucker
3 Eier
200 g Mehl
1 Päckchen Schokoladenpuddingpulver
3 gestrichene TL Backpulver
Fett und Semmelbrösel für das Mini-Muffin-Backblech

Für den Rumguss:
6 cl weißer Rum
250–300 g Puderzucker

Außerdem:
ca. 24 Cake-Pop-Sticks
Glitzerstreusel in rosa und silber zum Bestreuen
24 Eulen Zucker-Aufleger

So wird es gemacht:

1. Die weiche Butter mit dem Zucker und dem Vanillezucker in eine Schüssel geben und mit den Schneebesen des Handrührgerätes cremig aufschlagen.

2. Die Eier einzeln nach und nach kräftig unterrühren. Das Mehl mit dem Schokoladenpuddingpulver und dem Backpulver vermischen, auf die Teigmasse sieben und unterziehen.

3. Ein Mini-Muffin-Backblech ausfetten, mit Semmelbröseln ausstreuen und den Teig einfüllen.

4. Das Mini-Muffin-Backblech in den auf 180 °C vorgeheizten Backofen schieben und die Minimuffins 15 Minuten backen.

5. Die fertig gebackenen Minimuffins aus dem Backofen nehmen, in dem Mini-Muffin-Backblech leicht erkalten lassen, aus dem Backblech stürzen und auf einem Kuchengitter vollständig auskühlen lassen.

6. Den Rum mit dem gesiebten Puderzucker in eine Schüssel geben und zu einem zähflüssigen Guss verrühren. Wenn nötig noch etwas Rum hinzufügen.

7. Die Minimuffins zuerst mit der Rumglasur am Rand bestreichen, in den rosa- oder silberfarbenen Glitzerstreuseln wälzen und auf dekorative Tellerchen setzen.

8. Die Cake Pops mit dem Rumguss überziehen, diesen leicht antrocknen lassen und die Cake-Pop-Sticks in die Törtchen stecken.

9. Je einen Eulen Zucker-Aufleger auf die Cake Pops setzen, den Rumguss vollständig abtrocknen lassen und die Cake Pops bis zum Verzehr an einem kühlen Ort aufbewahren.

TIPP: Wenn Sie die Cake Pops für Kinder zubereiten, so sollten Sie auf den Alkohol verzichten. Verwenden Sie stattdessen einen Fruchtsaft.

Frischkäse-Cake-Pops „mit Nugatcreme"

Das braucht man für ca. 40 Stück:

Für den Teig:
250 ml Distelöl
100 g brauner Zucker
2 Päckchen Vanillearoma
2 Eier
220 g Mehl
3 gestrichene TL Backpulver
100 g gehackte Vollmilchschokolade
Fett und Semmelbrösel für die Springform

Für das Frosting:
200 g Doppelrahm-Frischkäse
100 g Nussnugatcreme
50 g Puderzucker
200 g Butter

Außerdem:
250 g grüner Fondant (Fertigprodukt)
Bäckerstärke zum Ausrollen
40 Cake-Pop-Sticks
rosa Zuckerblüten zum Bekleben
essbarer Kleber

So wird es gemacht:

1. Das Distelöl mit dem Zucker und dem Vanillearoma in eine Schüssel geben und mit den Schneebesen des Handrührgerätes cremig aufschlagen.

2. Die Eier einzeln nach und nach unterrühren. Das Mehl mit dem Backpulver vermischen, auf die Teigmasse sieben, die gehackte Schokolade dazugeben und alles unterheben.

3. Eine Springform ausfetten, mit Semmelbröseln ausstreuen, den Teig einfüllen, glatt streichen und den Boden in dem auf 180 °C vorgeheizten Backofen 30–35 Minuten backen.

4. Den fertig gebackenen Boden aus dem Backofen nehmen, leicht erkalten lassen, aus der Form stürzen und auf einem Kuchengitter vollständig auskühlen lassen.

5. Für das Frosting den Frischkäse in eine Schüssel geben und glatt rühren. Die Nugatcreme und den gesiebten Puderzucker hinzufügen und unterrühren. Die Butter schaumig schlagen, die Frischkäsecreme esslöffelweise nach und nach unterrühren und cremig aufschlagen.

6. Den Kuchenboden fein zerbröseln, zum Frosting geben und alles gut miteinander verrühren. Die Teigmasse mit den Händen zu etwa 40 gleichgroßen Kugeln abdrehen, diese auf ein mit Backpapier ausgelegtes Blech legen und im Kühlschrank vollständig – am besten über Nacht – fest werden lassen.

7. Den grünen Fondant auf einer mit Bäckerstärke bestäubten Arbeitsfläche dünn ausrollen und etwa 40 entsprechend große Kreise (ca. 7 cm Ø) ausstechen. Die Cake-Pop-Kugeln in die Fondantmasse einwickeln und die Cake Pops auf die Cake-Pop-Sticks spießen.

8. Die Zuckerblüten mit essbarem Kleber auf die Cake Pops kleben, den Kleber vollständig abtrocknen lassen und die Cake Pops bis zum Verzehr an einem kühlen Ort aufbewahren.

TIPP: In den Backregalen der Supermärkte finden Sie viele Produkte, die Ihre Cake Pops zu einem perfekten Backwerk vollenden.

Oster-Cake-Pops
„mit Vanille-Icing"

Das braucht man für ca. 40 Stück:

Für den Teig:
120 g Zucker
180 ml Sonnenblumenöl
1 Päckchen Vanillezucker
1 Päckchen Zitronenaroma
3 Eier, 170 g Mehl
2 gehäufte TL Backpulver
100 g Kokosraspel
Saft von 1 Zitrone
Fett und Semmelbrösel für die Springform

Für das Icing:
250 g Butter, 2 TL Orangenaroma
2 TL Vanillearoma, 400 g Puderzucker, 100 ml Milch

Außerdem:
250 g rosa Fondant (Fertigprodukt)
Bäckerstärke zum Ausrollen, 40 Cake-Pop-Sticks
Aprikosenmarmelade zum Bestreichen
Glitzerstreusel in silber zum Bestreuen
2 Packungen Ostereier-Set aus Zucker
essbarer Kleber

So wird es gemacht:

1. Den Zucker mit dem Sonnenblumenöl, dem Vanillezucker und dem Zitronenaroma in eine Schüssel geben und mit den Schneebesen des Handrührgerätes cremig aufschlagen.

2. Die Eier einzeln nach und nach dazugeben und unterrühren. Das Mehl mit dem Backpulver vermischen, auf die Teigmasse sieben, die Kokosraspel dazugeben und alles unterrühren. Zum Schluss den Zitronensaft unterziehen.

3. Eine Springform ausfetten, mit Semmelbröseln ausstreuen, den Teig einfüllen, glatt streichen und den Boden in dem auf 180 °C vorgeheizten Backofen 35–40 Minuten backen. Den fertig gebackenen Boden aus dem Backofen nehmen, leicht erkalten lassen, aus der Form stürzen und auf einem Kuchengitter vollständig auskühlen lassen.

4. Für das Icing die weiche Butter mit dem Orangen- und dem Vanillearoma in eine Schüssel geben und mit den Schneebesen des Handrührgerätes schaumig schlagen.

5. Die Hälfte des Puderzuckers auf die Butter sieben und weiterschlagen. Die Milch unter ständigem Schlagen langsam hinzufügen, den restlichen, gesiebten Puderzucker dazugeben und alles zu einer Creme aufschlagen.

6. Den Kuchenboden fein zerbröseln, zum Icing geben und alles gut miteinander verrühren. Die Teigmasse mit den Händen zu etwa 40 gleichgroßen Kugeln abdrehen, diese auf ein mit Backpapier ausgelegtes Blech legen und im Kühlschrank vollständig – am besten über Nacht – fest werden lassen.

7. Den rosa Fondant auf einer mit Bäckerstärke bestäubten Arbeitsfläche dünn ausrollen und etwa 40 entsprechend große Kreise (ca. 7 cm Ø) ausstechen. Die Cake-Pop-Kugeln in die Fondantmasse einwickeln und die Cake Pops auf die Cake-Pop-Sticks spießen.

8. Die Cake Pops mit der erwärmten Aprikosenmarmelade bestreichen und mit den Glitzerstreuseln bestreuen.

9. Die Ostereier mit essbarem Kleber auf die Cake Pops kleben, den Kleber vollständig abtrocknen lassen und die Cake Pops bis zum Verzehr an einem kühlen Ort aufbewahren.

Heidelbeer-Cake-Pops „mit Mascarpone"

Das braucht man für 24 Stück:

Für den Teig:
125 g weiche Butter
125 g Zucker
1 Päckchen Zitronenaroma
3 Eier
50 ml Milch
200 g Weizenmehl
3 gestrichene TL Backpulver
Fett und Semmelbrösel
für das Mini-Muffin-Backblech
1 Glas Heidelbeeren

Für die Creme:
200 g Mascarpone
50 g Puderzucker
2 EL Mandellikör
100 g weiche Butter

Außerdem:
24 Papiermanschetten
24 Cake-Pop-Sticks
Glitzerstreusel in rosa und
bunte Zuckerherzen zum Bestreuen

So wird es gemacht:

1. Die weiche Butter mit dem Zucker und dem Zitronenaroma in eine Schüssel geben und mit den Schneebesen des Handrührgerätes schaumig schlagen.

2. Die Eier einzeln nach und nach dazugeben und kräftig darunterschlagen. Die Milch unterrühren. Das Weizenmehl mit dem Backpulver vermischen, auf die Teigmasse sieben und unterheben.

3. Ein Mini-Muffin-Backblech ausfetten, mit Semmelbröseln ausstreuen und den Teig einfüllen. Die Heidelbeeren abgießen, gut abtropfen lassen und in die Mulden füllen.

4. Das Mini-Muffin-Backblech in den auf 180 °C vorgeheizten Backofen schieben und die Minimuffins 15 Minuten backen.

5. Die fertig gebackenen Minimuffins aus dem Backofen nehmen, in dem Mini-Muffin-Backblech leicht erkalten lassen, aus dem Backblech stürzen und auf einem Kuchengitter vollständig auskühlen lassen.

6. Für die Mascarponecreme den Mascarpone in eine Schüssel geben und mit dem gesiebten Puderzucker und dem Mandellikör glatt rühren.

7. Die Butter schaumig schlagen, die Mascarponecreme esslöffelweise nach und nach unterrühren und cremig aufschlagen.

8. Die Cake Pops in die Papiermanschetten setzen und mit der Mascarponecreme überziehen.

9. In jeden Cake Pop einen Cake-Pop-Stick stecken, mit Glitzerstreusel in rosa und bunte Zuckerherzen bestreuen und bis zum Verzehr an einem kühlen Ort aufbewahren.

Halloween-Cake-Pops
„mit Himbeerfüllung"

Das braucht man für ca. 40 Stück:

Für den Teig:
200 g Marzipanrohmasse, 100 ml Milch
150 g Walnussöl, 2 Eier, 1 TL Zitronenaroma
150 g Mehl, 1 EL Speisestärke
2 gestrichene TL Backpulver
Fett und Semmelbrösel für die Springform

Für das Icing:
250 g Butter, 2 TL Orangenaroma
2 TL Vanillearoma, 400 g Puderzucker
150 ml Himbeermarmelade

Außerdem:
250 g gelber Fondant (Fertigprodukt)
Bäckerstärke zum Ausrollen
40 Cake-Pop-Sticks
Aprikosenmarmelade zum Bestreichen
Gold-Farbpulver zum Bestäuben
je 50 g schwarzer und grüner Fondant (Fertigprodukt)
essbarer Kleber

So wird es gemacht:

1. Die Marzipanrohmasse würfeln, in eine Schüssel geben, die Milch angießen und das Ganze zu einer glatten Masse verkneten. Das Öl, die Eier und das Zitronenaroma hinzufügen und das Ganze mit den Schneebesen des Handrührgerätes cremig aufschlagen. Das Mehl mit der Speisestärke und dem Backpulver vermischen, auf die Teigmasse sieben und unterheben.

2. Eine Springform ausfetten, mit Semmelbröseln ausstreuen, den Teig einfüllen, glatt streichen und den Boden in dem auf 180 °C vorgeheizten Backofen 30–35 Minuten backen. Den fertig gebackenen Boden aus dem Backofen nehmen, leicht erkalten lassen, aus der Form stürzen und auf einem Kuchengitter vollständig auskühlen lassen.

3. Für das Icing die weiche Butter mit dem Orangen- und dem Vanillearoma in eine Schüssel geben und mit den Schneebesen des Handrührgerätes schaumig schlagen. Die Hälfte des Puderzuckers auf die Butter sieben und weiterschlagen. Die Marmelade unter ständigem Schlagen langsam hinzufügen, den restlichen, gesiebten Puderzucker dazugeben und alles zu einer Creme aufschlagen.

4. Den Kuchenboden fein zerbröseln, zum Icing geben und alles gut miteinander verrühren. Die Teigmasse mit den Händen zu etwa 40 gleichgroßen Kugeln abdrehen, diese auf ein mit Backpapier ausgelegtes Blech legen und im Kühlschrank vollständig – am besten über Nacht – fest werden lassen.

5. Den gelben Fondant auf einer mit Bäckerstärke bestäubten Arbeitsfläche dünn ausrollen und etwa 40 entsprechend große Kreise (ca. 7 cm Ø) ausstechen. Die Cake-Pop-Kugeln in die Fondantmasse einwickeln und die Cake Pops auf die Cake-Pop-Sticks spießen. Die Cake Pops mit der erwärmten Marmelade bestreichen und mit den Glitzerstreuseln bestreuen.

6. Den schwarzen und grünen Fondant auf einer mit Bäckerstärke bestäubten Arbeitsfläche dünn ausrollen, Augen, Nase und Mund sowie Blätter ausstechen oder ausschneiden, diese mit essbarem Kleber auf die Cake Pops kleben, den Kleber vollständig abtrocknen lassen und die Cake Pops bis zum Verzehr an einem kühlen Ort aufbewahren.

Sternen-Cake-Pops „mit Nüssen"

Das braucht man für 24 Stück:

Für den Teig:
250 g Butter
50 g Honig
200 g Zucker
2 cl Rum
5 Eier
450 g Mehl
1 Päckchen Backpulver
1 gehäufter TL Lebkuchengewürz
½ TL Zimt
50 g gemahlene Haselnüsse
50 g gehackte Schokolade
50 g Mandelstifte
Backpapier für die Springform

Zum Überziehen:
400 g Vollmilch-Kuvertüre
200 g weiße Kuchenglasur

Außerdem:
ca. 24 Cake-Pop-Sticks
Glitzerstreusel in rosa zum Bestreuen

So wird es gemacht:

1. Die Butter mit dem Honig und der Butter solange schaumig schlagen, bis sich der Zucker vollständig aufgelöst hat, anschließend mit dem Rum aromatisieren.

2. Die Eier einzeln hinzufügen und kräftig unterarbeiten. Das gesiebte Mehl mit dem Backpulver vermischen.

3. Das Lebkuchengewürz und den Zimt mit den gemahlenen Haselnüsse, der gehackten Schokolade und den Mandelstiften unter das Mehl mischen.

4. Die Mehlmischung nach und nach in den Butter-Ei-Schaum einrühren. Den Teig in eine mit Backpapier ausgelegte eckige Springform (18 x 28 cm) streichen.

5. Die Form in den auf 180–200 °C vorgeheizten Backofen schieben und den Boden etwa 25–30 Minuten backen.

6. Nach Ende der Backzeit den Boden aus dem Backofen nehmen, leicht auskühlen lassen, aus der Springform nehmen, auf ein Kuchengitter legen und vollständig erkalten lassen.

7. Aus dem Schokoladenboden mit einem Sternausstecher etwa 24 Sterne ausstechen und bereitlegen.

8. Die Vollmilch-Kuvertüre und die weiße Kuchenglasur im Wasserbad getrennt nach Packungsanweisung schmelzen.

9. Die Cake-Pop-Sticks zuerst in die Vollmilch-Kuvertüre tauchen, diese leicht antrocknen lassen und erst jetzt die Cake Pops (Sterne) aufspießen. Damit Sie Ihre Cake Pops gut trocknen lassen und Sie diese auch einfach verzieren können, sollten Sie die Cake Pops in eine vorbereitete Styroporplatte stecken.

10. Erst wenn die Sterne fest an den Cake-Pop-Sticks haften, die Cake Pops mit der flüssigen Vollmilch-Kuvertüre überziehen. Die Glasur leicht antrocknen lassen und mit der weiße Kuchenglasur beträufeln.

11. Die Cake Pops mit den Glitzerstreuseln bestreuen, die Glasuren vollständig abtrocknen lassen und die Cake Pops bis zum Verzehr an einem kühlen Ort aufbewahren.

Kokos-Cake-Pops „mit Sternendekor"

Das braucht man für ca. 40 Stück:

Für den Teig:
125 g Butter, 125 g Zucker
1 Päckchen Zitronenaroma
2 Eier, 150 g Mehl
50 g Speisestärke
1 EL Kokosflocken
2 gestrichene TL Backpulver
Fett und Semmelbrösel
für die Springform

Für das Frosting:
200 g Butter, 200 g Puderzucker
4 TL Vanillearoma, 200 g Mascarpone

Außerdem:
200 g blauer Fondant (Fertigprodukt)
100 g weißer Fondant (Fertigprodukt)
Bäckerstärke zum Ausrollen
ca. 40 Cake-Pop-Sticks, essbarer Kleber

So wird es gemacht:

1. Die Butter mit dem Zucker und dem Zitronenaroma in einer Schüssel schaumig schlagen. Die Eier nach und nach unterrühren. Das gesiebte Mehl mit der Speisestärke, den Kokosflocken und dem Backpulver vermischen und unter die Eicreme rühren.

2. Eine Springform ausfetten, mit Semmelbröseln ausstreuen, den Teig einfüllen, glatt streichen und den Boden in dem auf 180 °C vorgeheizten Backofen 30–35 Minuten backen.

3. Den fertig gebackenen Boden aus dem Backofen nehmen, leicht erkalten lassen, aus der Form stürzen und auf einem Kuchengitter vollständig auskühlen lassen.

4. Für das Frosting die Butter mit dem gesiebten Puderzucker und dem Vanillearoma in eine Schüssel geben und mit dem Schneebesen schaumig schlagen. Den Mascarpone hinzufügen und vorsichtig unterziehen.

5. Den Kuchenboden fein zerbröseln, zum Frosting geben und alles gut miteinander verrühren. Die Teigmasse mit den Händen zu etwa 40 gleich großen Kugeln abdrehen, diese auf ein mit Backpapier ausgelegtes Blech legen und im Kühlschrank vollständig – am besten über Nacht – fest werden lassen.

6. Den blauen Fondant und zwei Drittel des weißen Fondants jeweils zu einer 15 cm langen Rolle formen und beide Rollen ineinander wickeln.

7. Jetzt die Fondantrolle auf einer mit Bäckerstärke bestäubten Arbeitsfläche dünn ausrollen – es soll eine marmorierte Platte entstehen – und etwa 40 entsprechend große Kreise (ca. 7 cm Ø) ausstechen. Die Cake-Pop-Kugeln in die Fondantmasse einwickeln und die Cake Pops auf die Cake-Pop-Sticks spießen.

8. Die restliche weiße Fondantmasse auf einer mit Bäckerstärke bestäubten Arbeitsfläche dünn ausrollen und kleine Sternchen ausstechen.

9. Die Fondantsternchen mit essbarem Kleber dekorativ auf die Cake Pops kleben und bis zum Verzehr an einem kühlen Ort aufbewahren.

Zitronen-Cake-Pops
„mit Minze"

Das braucht man für 24 Stück:

Für den Teig:
150 g weiche Butter
125 g Zucker
1 Päckchen Vanillezucker
1 Päckchen Zitronenaroma
1 EL geriebene Zitronenschale
3 Eier
200 g Mehl
1/2 Päckchen Backpulver
Fett und Semmelbrösel für die Cake-Pop-Backform
12 Schokoladentäfelchen mit Pfefferminzgeschmack

Außerdem:
2–3 Becher weiße Schokoladenglasur
24 Cake-Pop-Sticks
150 g Kokosnussraspel
48 bunte Zuckerblümchen

So wird es gemacht:

1. Die Butter mit dem Zucker, dem Vanille- und Zitronenaroma und der geriebenen Zitronenschale in eine Schüssel geben und mit den Schneebesen des Handrührgerätes cremig aufschlagen.

2. Die Eier einzeln nach und nach unterrühren. Das Mehl mit dem Backpulver vermischen, auf die Teigmasse sieben und unterheben.

3. Eine Cake-Pop-Backform ausfetten, mit Semmelbröseln ausstreuen und die Masse einfüllen. Je ein halbes Schokoladentäfelchen mit Pfefferminzgeschmack in den Teig stecken.

4. Die Cake-Pop-Backform auf ein Backblech stellen und die Cake Pops in dem auf 180 °C vorgeheizten Backofen etwa 10–15 Minuten backen.

5. Die fertig gebackenen Cake Pops aus dem Backofen nehmen, in der Cake-Pop-Backform leicht erkalten lassen, aus der Form stürzen und auf einem Kuchengitter vollständig auskühlen lassen.

6. Die weiße Schokoladenglasur nach Packungsanweisung im Wasserbad schmelzen. Die Cake-Pop-Sticks zuerst in die Glasur tauchen, diese leicht antrocknen lassen und erst jetzt die Cake Pops aufspießen.

7. Damit Sie Ihre Cake Pops gut trocknen lassen und Sie diese auch einfach verzieren können, sollten Sie die Cake Pops in eine vorbereitete Styroporplatte stecken.

8. Erst wenn die Cake Pops fest an den Cake-Pop-Sticks haften die Cake Pops mit der flüssigen Schokoladenglasur überziehen. Die Glasur leicht antrocknen lassen und die Cake Pops anschließend in den Kokosnussraspeln wälzen.

9. Je zwei Zuckerblümchen aufkleben, die Cake Pops vollständig abtrocknen lassen und bis zum Verzehr an einem kühlen Ort aufbewahren.

BACKTIPP: Moderne Cake-Pop-Backform und -Förmchen müssen vor dem Einfüllen des Teiges nicht gefettet und mit Semmelbröseln ausgestreut werden. Durch die Antihaftbeschichtung lassen sich die fertig gebackenen Cake Pops einfach aus den Formen lösen. Alternativ können Sie auch einen Backautomaten für Cake Pops verwenden.

Birnen-Cake-Pops „mit Schwips"

Das braucht man für 24 Stück:

Für den Teig:
90 g Vollkornmehl, 140 g Mehl
2 ½ TL Backpulver, ½ TL Natron
1 ½ TL Zimt, 1 Prise Nelkenpulver, 1 Ei
140 g brauner Zucker
80 ml Speiseöl oder 125 g Butter
2 EL Rum oder Whiskey
180 g Joghurt, 100 g saure Sahne
240 g Birnen (aus der Dose)
Fett und Semmelbrösel
für das Mini-Muffin-Backblech

Für den Guss:
6 cl Mandellikör
250–300 g Puderzucker

Außerdem:
24 Cake-Pop-Sticks
24 bunte Mini-Papiermanschetten
100 g schwarzer Fondant (Fertigprodukt)
Bäckerstärke zum Ausrollen
ca. 24 Zucker-Aufleger Babyfläschchen

So wird es gemacht:

1. Das Vollkornmehl mit dem Mehl, dem Backpulver, dem Natron, dem Zimt und dem Nelkenpulver in einer Schüssel vermischen. Das Ei in einer zweiten Schüssel verquirlen. Den Zucker, das Öl oder die Butter, den Rum oder Whiskey, den Joghurt und die saure Sahne hinzufügen und gut verrühren.

2. Die Mehlmischung über die Eicreme sieben und kurz unterrühren, bis die trockenen Zutaten feucht sind. Die Birnen gut abtropfen lassen, in Würfel schneiden und unter den Teig heben.

3. Ein Mini-Muffin-Backblech ausfetten, mit Semmelbröseln ausstreuen und den Teig einfüllen. Das Mini-Muffin-Backblech in den auf 180 °C vorgeheizten Backofen schieben und die Minimuffins 15 Minuten backen.

4. Die fertig gebackenen Minimuffins aus dem Backofen nehmen, in dem Mini-Muffin-Backblech leicht erkalten lassen, aus dem Backblech stürzen und auf einem Kuchengitter vollständig auskühlen lassen.

5. Den Mandellikör mit dem gesiebten Puderzucker in eine Schüssel geben und zu einem zähflüssigen Guss verrühren. Wenn nötig noch etwas Mandellikör hinzufügen.

6. Die Minimuffins zuerst mit dem Guss bestreichen und diesen leicht antrocknen lassen. Die Cake Pops von der Seite her auf die Cake-Pop-Sticks spießen und in die Mini-Papiermanschetten setzen.

7. Den schwarzen Fondant auf einer mit Bäckerstärke bestäubten Arbeitsfläche dünn ausrollen und Augen, Nase, Mund und Haare für jeden Cake Pop ausstechen oder ausschneiden.

8. Die Cake Pops damit verzieren und mit je einem Zucker-Aufleger Babyfläschchen belegen. Die Cake Pops vollständig abtrocknen lassen und bis zum Verzehr an einem kühlen Ort aufbewahren.

Aprikosen-Cake-Pops
„mit Marzipanglasur"

Das braucht man für 24 Stück:

Für den Teig:
200 g Butter
130 g Zucker
1 Prise Salz
4 Eigelb
80 g Mehl
80 g gemahlene Haselnüsse
130 g geraspelte Schokolade
1 EL Kakaopulver
4 Eiweiß
240 g Aprikosen (aus der Dose)
Fett und Semmelbrösel
für die Cake-Pop-Backform

Außerdem:
2–3 Becher Marzipanglasur
1 Becher Schokoladenglasur Vollmilch
24 Cake-Pop-Sticks
24 Walnusskerne

So wird es gemacht:

1. Die Butter mit dem Zucker und dem Salz schaumig schlagen, die Eigelbe einzeln nach und nach unterrühren. Das gesiebte Mehl mit den Nüssen, der Schokolade und dem Kakaopulver vermischen und einrühren.

2. Die Aprikosen gut abtropfen lassen, in kleine Würfel schneiden und unter den Teig heben. Zum Schluss die Eiweiße steif schlagen und unterheben.

3. Eine Cake-Pop-Backform ausfetten, mit Semmelbröseln ausstreuen und den Teig einfüllen. Die Cake-Pop-Backform auf ein Backblech stellen und in dem auf 180 °C vorgeheizten Backofen 10–15 Minuten backen.

4. Die fertig gebackenen Cake Pops aus dem Backofen nehmen, in der Cake-Pop-Backform leicht erkalten lassen, aus der Form stürzen und auf einem Kuchengitter vollständig auskühlen lassen.

5. Die Marzipanglasur und die Schokoladenglasur Vollmilch im Wasserbad getrennt nach Packungsanweisung schmelzen. Die Cake-Pop-Sticks zuerst in die Marzipanglasur tauchen, diese leicht antrocknen lassen und erst jetzt die Cake Pops aufspießen.

6. Damit Sie Ihre Cake Pops gut trocknen lassen und Sie diese auch einfach verzieren können, sollten Sie die Cake Pops in eine vorbereitete Styroporplatte stecken.

7. Erst wenn die Cake Pops fest an den Cake-Pop-Sticks haften die Cake Pops mit der flüssigen Marzipanglasur überziehen. Die Glasur leicht antrocknen lassen und mit der dunklen Glasur beträufeln.

8. Je einen Walnusskerne auf die Cake Pops kleben, die Glasuren vollständig abtrocknen lassen und die Cake Pops bis zum Verzehr an einem kühlen Ort aufbewahren.

Schneemann-Cake-Pops

 *„mit Marshmallow"*

Das braucht man für 12 Stück:

Für den Teig:
280 g Mehl
2 EL Kakaopulver
2 ½ TL Backpulver
½ TL Natron
100 g Schokotröpfchen
1 Ei, 100 g Zucker
125 g flüssige Butter
300 ml Kefir
Fett und Semmelbrösel
für die Cake-Pop-Backform

Außerdem:
12 Cake-Pop-Sticks
ca. 400 g Marshmallow Fluff
je 100 g grüner und roter Fondant
bunte Zuckerperlen zum Verzieren

So wird es gemacht:

1. Das gesiebte Mehl mit dem Kakaopulver, dem Backpulver, dem Natron und den Schokotröpfchen vermischen.

2. Das Ei in eine Schüssel geben und leicht verquirlen. Den Zucker, die flüssige Butter und die Buttermilch einrühren.

3. Die Mehlmischung dazugeben und solange rühren, bis ein glatter Teig entsanden ist.

4. Eine Cake-Pop-Backform ausfetten, mit Semmelbröseln ausstreuen und den Teig einfüllen. Die Cake-Pop-Backform auf ein Backblech stellen und in dem auf 180 °C vorgeheizten Backofen 10–15 Minuten backen.

5. Die fertig gebackenen Cake Pops aus dem Backofen nehmen, in der Cake-Pop-Backform leicht erkalten lassen, aus der Form stürzen und auf einem Kuchengitter vollständig auskühlen lassen.

6. Je zwei Cake Pops – einen kleineren und einen größeren – auf die Cake-Pop-Sticks stecken. Anschließend die Cake Pops mit Marshmallow Fluff überziehen und diesen leicht antrocknen lassen.

7. Damit Sie Ihre Cake Pops gut trocknen lassen und Sie diese auch einfach verzieren können, sollten Sie die Cake Pops in eine vorbereitete Styroporplatte stecken.

8. Den grünen und den roten Fondant auf einer mit Bäckerstärke bestäubten Arbeitsfläche dünn ausrollen und die Schals für die Schneemänner ausstechen oder ausschneiden.

9. Die Cake Pops damit verzieren und mit Zuckerperlen ausdekorieren. Die Cake Pops vollständig abtrocknen lassen und bis zum Verzehr an einem kühlen Ort aufbewahren.

Ananas-Cake-Pops „mit Vanilleguss"

Das braucht man für ca. 40 Stück:

Für den Teig:
160 g Butter, 120 g Zucker
1 Päckchen Zitronenaroma
100 g Marzipanrohmasse
4 Eier, 120 g Kokosflocken
1 Päckchen Vanillepuddingpulver
50 g gehackte, kandierte Ananaswürfel
Fett und Semmelbrösel für die Springform

Für das Vanillefrosting:
250 g Butter
125 g Puderzucker
2 EL Vanillearoma
350 g Vanillepudding (Fertigprodukt)

Für den Vanilleguss:
6 cl weißer Vanillelikör
250–300 g Puderzucker
2 EL Vanillearoma
violette Lebensmittelfarbe zum Einfärben

Außerdem:
250 g weißer Fondant (Fertigprodukt)
Bäckerstärke zum Ausrollen
40 Cake-Pop-Sticks
Silberperlen zum Verzieren

So wird es gemacht:

1. Die Butter mit dem Zucker, dem Zitronenaroma und dem gewürfelten Marzipan in eine Schüssel geben und schaumig schlagen. Die Eier einzeln nach und nach dazugeben und unterrühren. Die Kokosflocken, das Puddingpulver und die sehr fein gewürfelten kandierten Ananasstückchen unterheben.

2. Eine Springform ausfetten, mit Semmelbröseln ausstreuen, den Teig einfüllen, glatt streichen und den Boden in dem auf 180 °C vorgeheizten Backofen 35–40 Minuten backen.

3. Den fertig gebackenen Boden aus dem Backofen nehmen, leicht erkalten lassen, aus der Form stürzen und auf einem Kuchengitter vollständig auskühlen lassen.

4. Die Butter mit dem Puderzucker und dem Vanillearoma in eine Schüssel geben und schaumig schlagen. Den Pudding esslöffelweise nach und nach unterrühren und cremig aufschlagen.

5. Den Kuchenboden fein zerbröseln, zum Frosting geben und alles gut miteinander verrühren.

6. Die Teigmasse mit den Händen zu etwa 40 gleichgroßen Kugeln abdrehen, diese auf ein mit Backpapier ausgelegtes Blech legen und im Kühlschrank vollständig – am besten über Nacht – fest werden lassen.

7. Den Vanillelikör mit dem gesiebten Puderzucker in eine Schüssel geben und zu einem zähflüssigen Guss verrühren. Wenn nötig noch etwas Vanillelikör hinzufügen. Anschließend den Guss mit der Lebensmittelfarbe violett einfärben.

8. Den weißen Fondant auf einer mit Bäckerstärke bestäubten Arbeitsfläche dünn ausrollen und etwa 40 entsprechend große Kreise (ca. 7 cm Ø) ausstechen. Die Cake-Pop-Kugeln in die Fondantmasse einwickeln und die Cake Pops auf die Cake-Pop-Sticks spießen.

9. Den Guss in einen Spritzbeutel mit feiner Lochtülle füllen und auf die Cake Pops dressieren, mit Silberperlen verzieren, den Guss vollständig abtrocknen lassen und die Cake Pops bis zum Verzehr an einem kühlen Ort aufbewahren.

Rosinen-Cake-Pops „mit Zimtaroma"

Das braucht man für 24 Stück:

200 g Rosinen, 2–3 EL Rum

Für den Teig:
150 g Zucker
½ TL Zimtpulver
1 TL Vanillearoma
200 ml Sonnenblumenöl
3 Eier, 225 g Weizenmehl
½ Päckchen Backpulver
Fett und Semmelbrösel für die Förmchen

Für die Zitronenglasur:
300 g Puderzucker
Saft von 1 Zitrone
Lebensmittelfarbe orange zum Einfärben

Außerdem:
24 Waffel-Becher
bunte Zuckerstreusel und Schokolinsen zum Verzieren

So wird es gemacht:

1. Die Rosinen unter fließendem Wasser waschen, trocken tupfen, in eine Schüssel geben, mit Rum beträufeln und zugedeckt mindestens eine Stunde ziehen lassen.

2. Den Zucker mit dem Zimtpulver, dem Vanillearoma, dem Sonnenblumenöl und den Eiern in eine Schüssel geben und mit den Schneebesen des Handrührgerätes cremig aufschlagen. Das Weizenmehl mit dem Backpulver vermischen, auf die Teigmasse sieben und unterheben.

3. Eine Cake-Pop-Backform ausfetten und mit Semmelbröseln ausstreuen. Die Hälfte des Teiges einfüllen, die Rosinen gleichmäßig darauf verteilen und mit dem restlichen Teig abdecken. Die Cake-Pop-Backform auf ein Backblech stellen und in dem auf 180 °C vorgeheizten Backofen 10–15 Minuten backen.

4. Die fertig gebackenen Cake Pops aus dem Backofen nehmen, in der Cake-Pop-Backform leicht erkalten lassen, aus der Form stürzen und auf einem Kuchengitter vollständig auskühlen lassen.

5. Für die Zitronenglasur den gesiebten Puderzucker mit dem Zitronensaft in einer Schüssel mit dem Schneebesen zu einem zähflüssigen Guss verrühren, mit der Lebensmittelfarbe orange einfärben und bereitstellen.

6. Die Cake Pops in die Waffel-Becher setzen, mit dem Guss überziehen, mit den bunten Zuckerstreuseln bestreuen und mit den Schokolinsen verzieren.

7. Den Guss abtrocknen lassen und die Cake Pops bis zum Verzehr an einem kühlen Ort aufbewahren.

TIPP: Statt der Rosinen können Sie auch Softaprikosen, -datteln, -zwetschgen oder Softfeigen verwenden.

Gewürz-Cake-Pops „mit Popcorn"

Das braucht man für 40 Stück:

Für den Rührteig:
100 g weiche Butter
175 g Zucker, 4 Eigelb
5 Tropfen Bittermandelöl
abgeriebene Schale von
½ unbehandelten Orange
1 Prise Ingwerpulver
½ TL Vanillepulver
250 g geschälte, sehr fein
gemahlene Mandeln
65 g Weizenvollkornmehl
1 ½ TL Backpulver, 4 Eiweiß
einige Tropfen Zitronensaft
Fett und Semmelbrösel für die
Springform

Für das Frosting:
200 g Frischkäse
50 g Johannisbeermarmelade
50 g Puderzucker
200 g Butter

Außerdem:
2 Becher weiße Schokoladenglasur
2 Becher dunkle Schokoladenglasur
ca. 40 Cake-Pop-Sticks
1 Tüte Popcorn

So wird es gemacht:

1. Die Butter mit dem Zucker in eine Schüssel geben und schaumig schlagen. Die Eigelbe einzeln nach und nach kräftig unterrühren. Das Bittermandelöl, die Orangenschale, das Ingwerpulver und das Vanillepulver untermischen.

2. Die gemahlenen Mandeln mit dem Mehl und dem Backpulver vermischen, zur Eicreme geben und unterrühren. Die Eiweiße mit dem Zitronensaft steif schlagen und unter den Teig heben.

3. Eine Springform ausfetten, mit Semmelbröseln ausstreuen, den Teig einfüllen, glatt streichen und den Boden in dem auf 180 °C vorgeheizten Backofen 30–35 Minuten backen.

4. Den fertig gebackenen Boden aus dem Backofen nehmen, leicht erkalten lassen, aus der Form stürzen und auf einem Kuchengitter vollständig auskühlen lassen.

5. Für das Frosting den Frischkäse in eine Schüssel geben und glatt rühren. Die Marmelade und den gesiebten Puderzucker hinzufügen und unterrühren. Die Butter schaumig schlagen, die Frischkäsecreme esslöffelweise nach und nach unterrühren und cremig aufschlagen.

6. Den Kuchenboden fein zerbröseln, zum Frosting geben und alles gut miteinander verrühren. Die Teigmasse mit den Händen zu etwa 40 gleichgroßen Kugeln abdrehen, diese auf ein mit Backpapier ausgelegtes Blech legen und im Kühlschrank vollständig – am besten über Nacht – fest werden lassen.

7. Die weiße und die dunkle Schokoladenglasur im Wasserbad getrennt nach Packungsanweisung schmelzen.

8. Die Cake-Pop-Sticks zuerst in die Glasur tauchen, diese leicht antrocknen lassen und erst jetzt die Cake Pops aufspießen. Damit Sie Ihre Cake Pops gut trocknen lassen und Sie diese auch einfach verzieren können, sollten Sie die Cake Pops in eine vorbereitete Styroporplatte stecken.

9. Erst wenn die Cake Pops fest an den Cake-Pop-Sticks haften die Hälfte der Cake Pops mit der flüssigen weißen und die andere Hälfte mit der dunklen Glasur überziehen. Die Glasuren leicht antrocknen lassen und das Popcorn ankleben.

10. Die Glasuren vollständig abtrocknen lassen und die Cake Pops bis zum Verzehr an einem kühlen Ort aufbewahren.

Tierische Cake Pops „mit Vanille-Icing"

Das braucht man für 24 Stück:

Für den Rührteig:
250 g Butter oder Margarine, 80 g Zucker
abgeriebene Schale von 1 Zitrone
1 Prise Salz, 4 Eigelb
120 g Mehl, 120 g Speisestärke
2 TL Backpulver, 3 EL Zitronensaft
4 Eiweiß, 1 Prise Salz
80 g Zucker
Fett und Semmelbrösel für die Springform

Für das Icing:
200 g Icing Vanille (Fertigprodukt)
175 ml kaltes Wasser
250 ml süße Sahne

Außerdem:
24 Cake-Pop-Sticks
1 Becher Schokoladenglasur
Vollmilch

So wird es gemacht:

1. Die Butter oder Margarine mit dem Zucker, der Zitronenschale und dem Salz schaumig schlagen. Die Eigelbe einzeln nach und nach kräftig unterrühren.

2. Das Mehl mit der Speisestärke und dem Backpulver vermischen, auf die Masse sieben und mit dem Zitronensaft unterrühren. Die Eiweiße mit dem Salz und dem Zucker steif schlagen und unterheben.

3. Eine eckige Springform fetten, mit Semmelbröseln ausstreuen, den Teig einfüllen und im auf 180 °C vorgeheizten Backofen 30–35 Minuten backen.

4. Den fertig gebackenen Kuchen aus dem Backofen nehmen, 10 Minuten in der Form ruhen lassen, anschließend auf ein Kuchengitter stürzen und erkalten lassen.

5. Für das Icing das Icingpulver Vanille mit dem Wasser und der Sahne in eine Schüssel geben und mit den Schneebesen des Handrührgerätes in 4–5 Minuten zu einer geschmeidigen Creme aufschlagen.

6. Aus dem Kuchenboden mit einem Ausstecher 24 Pferdchen oder andere Tiere ausstechen. Die Cake-Pop-Sticks zuerst ins Icing tauchen, dieses leicht antrocknen lassen und erst jetzt die Pferdchen aufspießen. Erst wenn die Cake Pops fest an den Cake-Pop-Sticks haften die Cake Pops mit dem Icing überziehen.

7. Die Vollmilchkuvertüre nach Packungsanweisung im Wasserbad schmelzen und dekorativ die Pferdchen damit beträufeln. Den Guss abtrocknen lassen und die Cake Pops bis zum Verzehr an einem kühlen Ort aufbewahren.

Joghurt-Cake-Pops „mit Mirror glaze"

Das braucht man für 40 Stück:

Für den Teig:
150 g Naturjoghurt
100 g Zucker
200 g flüssige Butter
1 Ei, 200 g Mehl
½ Päckchen Backpulver
1 EL geriebene Zitronenschale
Fett und Semmelbrösel für die Springform

Für das Frosting:
200 g saure Sahne
50 g Honig
75 g Puderzucker
200 g Butter

Für die Mirror glaze (Spiegelglasur):
110 ml Wasser
225 g Zucker
225 ml Glucosesirup
150 ml Kondensmilch
7–8 Blatt (15 g) Gelatine
225 g grob geraspelte weiße Kuvertüre
Lebensmittelfarbe orange zum Einfärben

Außerdem:
40 Cake-Pop-Sticks
Blattgold zum Verzieren

So wird es gemacht:

1. Den Joghurt mit dem Zucker solange verrühren, bis sich der Zucker vollständig aufgelöst hat. Die flüssige Butter dazugeben und unterrühren. Anschließend das Ei hinzufügen und unterrühren. Das Mehl mit dem Backpulver vermischen, auf die Teigmasse sieben, die geriebene Zitronenschale hinzufügen und alles unterrühren.

2. Eine Springform ausfetten, mit Semmelbröseln ausstreuen, den Teig einfüllen, glatt streichen und den Boden in dem auf 180 °C vorgeheizten Backofen 30–35 Minuten backen. Den fertigen Boden aus dem Backofen nehmen, leicht erkalten lassen, aus der Form stürzen und auf einem Kuchengitter vollständig auskühlen lassen.

3. Für das Frosting die saure Sahne in eine Schüssel geben und glatt rühren. Den Honig und den gesiebten Puderzucker hinzufügen und unterrühren. Die Butter schaumig schlagen, die Sahnecreme esslöffelweise nach und nach unterrühren und cremig aufschlagen.

4. Den Kuchenboden fein zerbröseln, zum Frosting geben und alles gut miteinander verrühren. Die Teigmasse mit den Händen zu etwa 40 gleichgroßen Kugeln abdrehen, diese auf ein mit Backpapier ausgelegtes Blech legen und im Kühlschrank vollständig – am besten über Nacht – fest werden lassen.

5. Für die Spiegelglasur (Mirror glaze) das Wasser mit dem Zucker und dem Glucosesirup in einen Tpf geben und zum Kochen bringen. Die Kondensmilch hinzufügen, zum Kochen bringen, vom Herd nehmen und die gut gewässerte Gelatine darin auflösen.

6. Die geraspelte weiße Kuvertüre in der noch warmen Glasur schmelzen lassen und die Glasur mit Lebensmittelfarbe orange einfärben. Kurz vor dem Festwerden die Cake-Pop-Sticks zuerst in die Spiegelglasur tauchen, diese leicht antrocknen lassen und erst jetzt die Cake Pops aufspießen.

7. Erst wenn die Cake Pops fest an den Cake-Pop-Sticks haften die Cake Pops mit der flüssigen Spiegelglasur überziehen.

8. Die Spiegelglasur leicht antrocknen lassen und die Cake Pops anschließend mit Blattgold verzieren. Die Cake Pops vollständig abtrocknen lassen und bis zum Verzehr an einem kühlen Ort aufbewahren.

Vanille-Cake-Pops „mit Himbeer-Icing"

Das braucht man für 24 Stück:

Für den Teig:
200 ml Sonnenblumenöl
150 g Zucker
1 Vanilleschote
2 Päckchen Vanillezucker
2 Eier, 75 ml süße Sahne
125 g Mehl
75 g Speisestärke
3 gestrichene TL Backpulver
Fett und Semmelbrösel
für die Cake-Pop-Backform

Für das Icing:
200 g Icing Himbeere (Fertigprodukt)
175 ml kaltes Wasser
250 ml süße Sahne

Außerdem:
24 Cake-Pop-Sticks
Zuckerperlen und Zebraröllchen
zum Verzieren

So wird es gemacht:

1. Das Sonnenblumenöl mit dem Zucker, dem ausgeschabten Vanillemark und dem Vanillezucker in eine Schüssel geben und das Ganze mit den Schneebesen des Handrührgerätes schaumig aufschlagen.

2. Die Eier einzeln nach und nach hinzufügen, kräftig darunterschlagen und die Sahne unterrühren. Das Mehl mit der Speisestärke und dem Backpulver vermischen, auf die Teigmasse sieben und unterrühren.

3. Eine Cake-Pop-Backform ausfetten, mit Semmelbröseln ausstreuen, den Teig einfüllen und je eine Sauerkirschen in den Teig drücken. Die Cake-Pop-Backform auf ein Backblech stellen und die Cake Pops im auf 180 °C vorgeheizten Backofen etwa 10–15 Minuten backen.

4. Die fertig gebackenen Cake Pops aus dem Backofen nehmen, in der Cake-Pop-Backform leicht erkalten lassen, aus der Form stürzen und auf einem Kuchengitter vollständig auskühlen lassen.

5. Für das Icing das Icingpulver Himbeere mit dem Wasser und der Sahne in eine Schüssel geben und mit den Schneebesen des Handrührgerätes in 4–5 Minuten zu einer geschmeidigen Creme aufschlagen.

6. Die Cake-Pop-Sticks zuerst in das Icing tauchen, dieses leicht antrocknen lassen und erst jetzt die Cake Pops aufspießen. Das restliche Icing in einen Spritzbeutel mit feiner Lochtülle füllen.

7. Erst wenn die Cake Pops fest an den Cake-Pop-Sticks haften das Icing dekorativ auf die Cake Pops dressieren.

8. Das Icing leicht antrocknen lassen und die Cake Pops anschließend mit Zuckerperlen und Zebraröllchen verzieren.

9. Die Cake Pops vollständig abtrocknen lassen und bis zum Verzehr an einem kühlen Ort aufbewahren.

Pfefferkuchen-Cake-Pops „mit Kirsch-Icing"

Das braucht man für 40 Stück:

Für den Teig:
200 g Zucker
2 Eier
1 Eigelb
1 EL Pfefferkuchengewürz
325 g Mehl

Für das Icing:
200 g Icing Vanille (Fertigprodukt)
175 ml Kirschsaft
250 ml süße Sahne
rote Lebensmittelfarbe zum Einfärben

Außerdem:
40 Cake-Pop-Sticks
bunt Zuckerherzen zum Verzieren

So wird es gemacht:

1. Den Zucker mit den Eiern und dem Eigelb in eine Schüssel geben und mit den Schneebesen des Handrührgerätes weiß-schaumig aufschlagen.

2. Das Pfefferkuchengewürz mit dem Mehl vermischen, auf die Masse sieben und alles mit den Knethaken des Handrührgerätes zu einem glatten, kompakten Teig verarbeiten.

3. Den Teig auf eine bemehlten Arbeitsfläche geben und mit bemehlten Händen kräftig durchkneten.

4. Anschließend den Teig auf einer bemehlten Arbeitsfläche 1–1 ½ Zentimeter dick ausrollen und Herzen ausstechen.

5. Die Herzen auf ein mit Backpapier ausgelegtes Backblech setzen und in dem auf 180 °C vorgeheizten Backofen 15 Minuten backen.

6. Die fertig gebackenen Pfefferkuchenherzen aus dem Backofen nehmen, auf ein Kuchengitter setzen, die Cake-Pop-Sticks von der Seite her in die noch warmen Herzen stecken und die Cake Pops vollständig auskühlen lassen.

7. Für das Icing das Icingpulver Vanille mit dem Kirschsaft und der Sahne in eine Schüssel geben und mit den Schneebesen des Handrührgerätes in 4–5 Minuten zu einer geschmeidigen Creme aufschlagen.

8. Zwei Drittel der Creme in eine Schüssel geben und mit der Lebensmittelfarbe rot einfärben.

9. Die Cake Pops mit der rosa-farbenen Creme überziehen, diese leicht antrocknen lassen und mit der Vanillecreme Linien aufspritzen.

10. Die Cake Pops anschließend mit den bunten Zuckerherzen verzieren, die Cake Pops vollständig abtrocknen lassen und bis zum Verzehr an einem kühlen Ort aufbewahren.

Hokuspokus-Cake-Pops „mit Nüssen"

Das braucht man für ca. 16–20 Stück:

Für den Teig:
175 g Butter, 100 g Zucker
1 TL Lebkuchengewürz
50 g gehackte Nüsse
50 g Zitronat, 50 g Korinthen
1 gehäufter TL Backpulver
200 g Mehl
Fett und Semmelbrösel
für das Backblech

Außerdem:
16–20 Eisstäbchen aus Holz
1–2 Becher Vollmilchglasur
1–2 Becher weiße Schokoladenglasur
bunte Zuckerstreusel und rosa- und silber-farbene Zuckerperlen zum Verzieren

So wird es gemacht:

1. Die Butter in einen Topf geben, erhitzen, vom Herd nehmen und wieder auskühlen lassen. Den Zucker esslöffelweise unterrühren und das Ganze anschließend mit den Schneebesen des Handrührgerätes schaumig schlagen.

2. Das Lebkuchengewürz, die Nüsse, das fein gehackte Zitronat und die Korinthen hinzufügen und untermischen. Das Backpulver mit dem Mehl vermischen, auf die Masse sieben und das Ganze zu einem glatten, kompakten Teig verarbeiten.

3. Den Teig auf einer bemehlten Arbeitsfläche in der Größe eines Backblechs ausrollen, das Backblech ausfetten, mit Semmelbröseln ausstreuen und die Teigplatte einsetzen. Das Backblech in den auf 180 °C vorgeheizten Backofen schieben und den Teig etwa 25–30 Minuten backen.

4. Anschließend das Blech aus dem Ofen nehmen und noch heiß mit Ausstechern aus dem Teig große Ringe mit Loch (4 x 4 cm) ausstechen.

5. Die Ringe auf ein Kuchengitter setzen, die Eisstäbchen von der Seite her in die noch warmen Ringe stecken und die Cake Pops vollständig auskühlen lassen.

6. Die Vollmilchglasur und die weiße Schokoladenglasur nach Packungsanweisung getrennt im Wasserbad schmelzen. Die Hälfte der Cake Pops mit der weißen und die andere Hälfte mit der dunklen Schokoladenglasur überziehen.

7. Die Kuvertüre leicht antrocknen lassen und die Cake Pops anschließend mit den bunten Zuckerstreuseln und den rosa- und silber-farbene Zuckerperlen verzieren.

8. Die Cake Pops vollständig abtrocknen lassen und bis zum Verzehr an einem kühlen Ort aufbewahren.

ABC-Cake-Pops „mit Marzipan"

Das braucht man für ca. 24 Stück:

Für den Teig:
150 g Marzipanrohmasse
150 g brauner Zucker
2 Eiweiß
1 EL Honig
1/4 TL Hirschhornsalz
1 EL Milch
60 g gemahlene Mandeln
60 g gemahlene Haselnüsse
50 g Orangeat und Zitronat
70 g Mehl

Für die Zitronenglasur:
200 g Puderzucker
Saft von 1 Zitrone
blaue Lebensmittelfarbe zum Einfärben

Außerdem:
40 Cake-Pop-Sticks
blaue Zuckerperlen
ABC-Zucker-Aufleger

So wird es gemacht:

1. Die Marzipanrohmasse in feine Würfel schneiden, mit dem Zucker, dem Eiweiß und dem Honig in eine feuerfeste Schüssel geben und glatt rühren.

2. Die Schüssel ins heiße Wasserbad stellen und die Zutaten cremig aufschlagen.

3. Die Marzipancreme vom Herd nehmen, die Schüssel in kaltes Wasser stellen und die Masse kalt schlagen.

4. Das Hirschhornsalz mit der Milch in einer Schüssel verrühren, auflösen und unter die Marzipancreme rühren.

5. Die Mandeln, die Haselnüsse, das in sehr feine Würfel geschnittene Orangeat und Zitronat und das gesiebte Mehl vermischen und unter die Marzipancreme rühren.

6. Die Masse auf ein mit Backpapier ausgelegtes Backblech streichen und den Teig über Nacht bei Zimmertemperatur trocknen lassen.

7. Am nächsten Tag den Teig in den auf 160 °C vorgeheizten Backofen schieben und darin etwa 15 Minuten backen.

8. Für die Zitronenglasur den gesiebten Puderzucker mit dem Zitronensaft in einer Schüssel mit dem Schneebesen zu einem zähflüssigen Guss verrühren, mit blauer Lebensmittelfarbe einfärben und die Glasur bereitstellen.

9. Anschließend das Blech aus dem Ofen nehmen und noch heiß mit einem Ausstecher Blüten (4 x 4 cm) aus dem Teig ausstechen.

10. Die Blüten auf ein Kuchengitter setzen, die Cake-Pop-Sticks von der Seite her in die noch warmen Blüten stecken und die Cake Pops vollständig auskühlen lassen.

11. Die Cake Pops mit dem Zuckerguss überziehen. Den Zuckerguss leicht antrocknen lassen und die Cake Pops mit den Zuckerperlen verzieren.

12. Je einen ABC-Zucker-Aufleger auf die Cake Pops setzen, den Guss vollständig abtrocknen lassen und die Cake Pops bis zum Verzehr an einem kühlen Ort aufbewahren.

Mandel-Cake-Pops „mit Pistazien"

Das braucht man für 40 Stück:

Für den Teig:
200 g Butter, 75 g Zucker
1 gehäufter TL Vanillearoma
75 g Vollmilch-Kuchenglasur, 2 cl Rum
7 Eigelb, 7 Eiweiß
100 g Zucker
175 g Mehl
75 g gemahlene Mandeln
40 g Kakaopulver
3 TL Backpulver
Fett und Semmelbrösel für die Springform

Für das Icing:
250 g Butter, 2 TL Orangenaroma
2 TL Vanillearoma, 400 g Puderzucker
50 ml Milch, 100 g Kirschmarmelade

Außerdem:
250 g weißer Fondant (Fertigprodukt)
Bäckerstärke zum Ausrollen
40 Cake-Pop-Sticks
Zuckerglasur zum Bestreichen
300 g gehackte Pistazien zum Bestreuen

So wird es gemacht:

1. Die Butter mit dem Zucker, dem Vanillearoma, der flüssigen Kuchenglasur, dem Rum und den Eigelben in eine Schüssel geben und schaumig schlagen.

2. Die Eiweiße mit dem Zucker schaumig schlagen und unter die Eigelbcreme heben. Das gesiebte Mehl, die Mandeln, den gesiebten Kakao und das Backpulver vermischen und unterheben.

3. Eine Springform ausfetten, mit Semmelbröseln ausstreuen, den Teig einfüllen, glatt streichen und den Boden in dem auf 180 °C vorgeheizten Backofen 30–35 Minuten backen.

4. Den fertig gebackenen Boden aus dem Backofen nehmen, leicht erkalten lassen, aus der Form stürzen und auf einem Kuchengitter vollständig auskühlen lassen.

5. Für das Icing die weiche Butter mit dem Orangen- und dem Vanillearoma in eine Schüssel geben und mit den Schneebesen des Handrührgerätes schaumig schlagen.

6. Die Hälfte des Puderzuckers auf die Butter sieben und weiterschlagen. Die Milch und die Marmelade unter ständigem Schlagen hinzufügen, den restlichen, gesiebten Puderzucker dazugeben und alles zu einer Creme aufschlagen.

7. Den Kuchenboden fein zerbröseln, zum Icing geben und alles gut miteinander verrühren. Die Teigmasse mit den Händen zu etwa 40 gleichgroßen Kugeln abdrehen, diese auf ein mit Backpapier ausgelegtes Blech legen und im Kühlschrank vollständig – am besten über Nacht – fest werden lassen.

8. Den Fondant auf einer mit Bäckerstärke bestäubten Arbeitsfläche dünn ausrollen und etwa 40 entsprechend große Kreise (ca. 7 cm Ø) ausstechen. Die Cake-Pop-Kugeln in die Fondantmasse einwickeln und auf die Cake-Pop-Sticks spießen.

9. Die Cake Pops mit der Zuckerglasur bestreichen, die Pistazien auf die Glasur drücken, die Glasur vollständig abtrocknen lassen und die Cake Pops bis zum Verzehr an einem kühlen Ort aufbewahren.

Krokant-Cake-Pops
„mit Vanille-Frosting"

Das braucht man für 40 Stück:

Für den Teig:
200 g flüssige Butter
100 g Zucker
1 TL Zitronenaroma
1 Päckchen Vanillezucker
2 Eier, 220 g Mehl
3 gestrichene TL Backpulver
50 ml Milch
100 g Krokant
Fett und Semmelbrösel für die Springform

Für das Frosting:
200 g Vanillepudding (Fertigprodukt)r
5 EL Zucker, 250 g Butter
3 Päckchen Vanillezucker

Für die Mirror glaze (Spiegelglasur):
110 ml Wasser
225 g Zucker
225 ml Glucosesirup
150 ml Kondensmilch
7–8 Blatt (15 g) Gelatine
225 g grob geraspelte dunkle Kuvertüre
violette Lebensmittelfarbe zum Einfärben

Außerdem:
40 Cake-Pop-Sticks
Goldpuder zum Bestäuben

So wird es gemacht:

1. Die Butter mit dem Zucker, dem Zitronenaroma, dem Vanillezucker und den Eiern in eine Schüssel geben und mit den Schneebesen des Handrührgerätes cremig aufschlagen.

2. Das Mehl mit dem Backpulver vermischen, auf die Teigmasse sieben und unterheben. Zuerst die Milch und zum Schluss den Krokant unterrühren.

3. Eine Springform ausfetten, mit Semmelbröseln ausstreuen, den Teig einfüllen, glatt streichen und den Boden in dem auf 180 °C vorgeheizten Backofen 30–35 Minuten backen.

4. Den fertig gebackenen Boden aus dem Backofen nehmen, leicht erkalten lassen, aus der Form stürzen und auf einem Kuchengitter vollständig auskühlen lassen.

5. Den Vanillepudding glatt rühren. Die Butter mit dem Zucker und dem Vanillezucker in eine Schüssel geben und schaumig schlagen. Den kalten Pudding esslöffelweise nach und nach unterrühren und cremig aufschlagen.

6. Den Kuchenboden fein zerbröseln, zum Frosting geben und alles gut miteinander verrühren. Die Teigmasse mit den Händen zu etwa 40 gleichgroßen Kugeln abdrehen, diese auf ein mit Backpapier ausgelegtes Blech legen und im Kühlschrank vollständig – am besten über Nacht – fest werden lassen.

7. Für die Spiegelglasur (Mirror glaze) das Wasser mit dem Zucker und dem Glucosesirup in einen Tpf geben und zum Kochen bringen. Die Kondensmilch hinzufügen, zum Kochen bringen, vom Herd nehmen und die gut gewässerte Gelatine darin auflösen.

8. Die geraspelte dunkle Kuvertüre in der noch warmen Glasur schmelzen lassen und die Glasur mit Lebensmittelfarbe violett einfärben. Kurz vor dem Festwerden die Cake-Pop-Sticks zuerst in die Spiegelglasur tauchen, diese leicht antrocknen lassen und erst jetzt die Cake Pops aufspießen.

9. Erst wenn die Cake Pops fest an den Cake-Pop-Sticks haften die Cake Pops mit der Spiegelglasur überziehen.

10. Die Spiegelglasur leicht antrocknen lassen und die Cake Pops anschließend mit Goldpuder bestäuben. Die Cake Pops vollständig abtrocknen lassen und bis zum Verzehr an einem kühlen Ort aufbewahren.

Orangen-Cake-Pops „mit Schoko-Icing"

Das braucht man für ca. 20 Stück:

Für den Teig:
150 g Butter
175 g Zucker
2 Päckchen Orangenaroma
4 Eier, 275 g Mehl
1 altbackenes Brötchen
3 gestrichene TL Backpulver
4 EL Milch
Fett und Semmelbrösel
für die Springform

Für das Icing:
200 g Icing Schoko (Fertigprodukt)
175 ml kaltes Wasser, 250 ml süße Sahne

Außerdem:
250 g blauer Fondant (Fertigprodukt)
150 g grüner Fondant (Fertigprodukt)
Bäckerstärke zum Ausrollen
ca. 20 Cake-Pop-Sticks, essbarer Kleber
Kokosnussraspel zum Bestreuen

So wird es gemacht:

1. Die Butter mit dem Zucker und dem Orangenaroma in eine Schüssel geben und schaumig schlagen. Die Eier einzeln nach und nach kräftig darunterschlagen.

2. Das gesiebte Mehl mit dem fein geriebenen Brötchen und dem Backpulver vermischen, auf die Eimasse geben und unterheben. Zum Schluss die Milch dazugeben und vorsichtig unterrühren.

3. Eine Springform ausfetten, mit Semmelbröseln ausstreuen, den Teig einfüllen, glatt streichen und den Boden in dem auf 180 °C vorgeheizten Backofen 30–35 Minuten backen.

4. Den fertig gebackenen Boden aus dem Backofen nehmen, leicht erkalten lassen, aus der Form stürzen und auf einem Kuchengitter vollständig auskühlen lassen.

5. Für das Icing das Icingpulver Schoko mit dem Wasser und der Sahne in eine Schüssel geben und mit den Schneebesen des Handrührgerätes in 4–5 Minuten zu einer geschmeidigen Creme aufschlagen.

6. Den Kuchenboden fein zerbröseln, zum Icing geben und alles gut miteinander verrühren. Die Teigmasse mit den Händen zu etwa 40 gleichgroßen Kugeln abdrehen, diese auf ein mit Backpapier ausgelegtes Blech legen und im Kühlschrank vollständig – am besten über Nacht – fest werden lassen.

7. Den blauen und den grünen Fondant auf einer mit Bäckerstärke bestäubten Arbeitsfläche dünn ausrollen. Aus dem blauen Fondant etwa 40 entsprechend große Kreise (ca. 7 cm Ø) ausstechen. Die Cake-Pop-Kugeln in die blaue Fondantmasse einwickeln und die Cake Pops auf die Cake-Pop-Sticks spießen.

8. Aus der grünen Fondantmasse die Konturen der Kontinente ausschneiden und diese mit essbarem Kleber dekorativ auf die Cake Pops kleben.

9. Die Cake Pops auf dem Kopf mit essbarem Kleber bestreichen, mit den Kokosnussraspeln bestreuen und bis zum Verzehr an einem kühlen Ort aufbewahren.

Zucchini-Cake-Pops „mit Zitronenglasur"

Das braucht man für 24 Stück:

Für den Teig:
3 Eier
300 g Zucker
150 ml Olivenöl
250 g gemahlene, gemischte Nüsse (Walnüsse, Haselnüsse, Mandeln)
300 g Mehl
1 TL Zimtpulver
1 ½ TL Natron
1 ½ TL Backpulver
300 g geraspelte Zucchini

Für die Zitronenglasur:
400 g Puderzucker
Saft von 1– 1 ½ Zitronen
gelbe Lebensmittelfarbe zum Einfärben

Außerdem:
24 Cake-Pop-Sticks
100 g schwarzer Fondant (Fertigprodukt)
Bäckerstärke zum Ausrollen
Goldpuder zum Bestäuben

So wird es gemacht:

1. Die Eier mit dem Zucker in eine Schüssel geben und schaumig schlagen. Das Olivenöl tropfenweise kräftig unterrühren.

2. Die gemahlenen Nüsse mit dem gesiebten Mehl, dem Zimt, dem Natron und dem Backpulver vermischen und unter die Eicreme rühren.

3. Die Zucchini putzen, waschen, trocken tupfen, raspeln und unter den Teig heben.

4. Die Teigmasse in eine mit Backpapier ausgelegte Blechkuchen-Springform (38 x 25 x 7 cm) füllen, glatt streichen und in dem auf 180 °C vorgeheizten Backofen 30–35 Minuten backen.

5. Anschließend den Kuchen aus dem Ofen nehmen, vollständig erkalten lassen und mit einem Ausstecher Monde (3 x 6 cm) aus dem Teig ausstechen.

6. Für die Zitronenglasur den gesiebten Puderzucker mit dem Zitronensaft in einer Schüssel mit dem Schneebesen zu einem zähflüssigen Guss verrühren, mit gelber Lebensmittelfarbe einfärben und bereitstellen.

7. Die Monde auf ein Kuchengitter setzen, die Cake-Pop-Sticks von der Seite her in die Monde stecken. Die Cake Pops mit dem Zuckerguss überziehen und den Zuckerguss leicht antrocknen lassen.

8. Den schwarzen Fondant auf einer mit Bäckerstärke bestäubten Arbeitsfläche dünn ausrollen. Aus dem Fondant kleine Sternchen ausstechen.

9. Die Sternchen auf den Guss legen, die Monde mit dem Goldpuder bestäuben, den Guss vollständig abtrocknen lassen und die Cake Pops bis zum Verzehr an einem kühlen Ort aufbewahren.

Erfahren Sie mehr!

© Copyright 2017

garant Verlag GmbH

Benzstraße 56

71272 Renningen

www.garant-verlag.de

ISBN 978-3-7359-0255-9